MÉMOIRE

SUR LES

CONVENTIONS A INTERVENIR

ENTRE LE PROPRIÉTAIRE et LE FERMIER

Lors d'une plantation d'arbres à fruits en terre affermée, afin de sauvegarder tous les intérêts.

Par Charles PORET
Propriétaire à DENNEVILLE (Manche).

LA HAYE-DU-PUITS, IMPRIMERIE ALFRED MARTIN
— PLACE DU GRAND MARCHÉ —

MÉMOIRE

SUR LES

CONVENTIONS A INTERVENIR

Entre le Propriétaire et le Fermier

Lors d'une plantation d'arbres à fruits en terre affermée,

afin de sauvegarder tous les intérêts.

Il faut tout d'abord partir de cette idée que les rapports de propriétaire à fermier doivent être des rapports amicaux inspirés par une confiance réciproque et un mutuel désir de s'aider. La conséquence toute naturelle de ce principe est que les baux doivent être à long terme, neuf années au moins ; car là où il y a confiance, estime, amitié, intérets communs, il ne saurait être question de courts termes. Le temps est un grand facteur dans les entreprises humaines, en agriculture surtout. Si cet accord existe donc, comme je le suppose, entre le maître et le fermier, il est facile de poser des règles pour assurer la plantation de la terre, et la bonne foi des parties est une garantie sûre qu'elles seront observées.

Une plantation entraine des frais considérables. Il faut acheter des sujets, les transporter, creuser des fosses. Il y a en outre les frais de plantation proprement dite. Ces frais peuvent et doivent être partagés. L'achat des sujets incombe évidemment au propriétaire pour cette raison bien simple que ces arbres prendront racine, deviendront immeubles et feront corps avec le sol de la ferme. C'est donc au maître que reviennent le soin et le plaisir d'aller chez le pépiniériste choisir les sujets qui lui conviennent. Je dis « le soin » car c'en est un grand que de chercher parmi tant de pommiers les sujets les plus sains, ceux qui sont de bonne espèce, ceux enfin qui conviennent au sol auquel on les destine. Il faut de bons fruits d'espèces diverses, précoces, tardives, douces, amères, etc., des arbres fertiles d'espèces vigoureuses épargnées par les insectes. A tel endroit il convient de planter des arbres dont la nature est de s'élever ; dans tel autre endroit on peut planter des arbres qui s'étalent. Et bien d'autres exigences. Quel souci ! et comme ce n'est pas trop que d'être un homme avisé, connaisseur et prudent pour traiter avec le pépiniériste qui voit les choses à un autre point de vue mais que je suppose honnête, et par conséquent désireux de satisfaire son client ! J'ajoute bien vite que si c'est une charge redoutable que celle du choix et de l'achat des sujets à planter, cette charge est accompagnée d'un plaisir extrême. Celui qui aime la terre, et sa terre à lui avant toutes les autres éprouve naturellement un plaisir indicible à la pensée qu'il va doter cet héritage d'arbres utiles qui doubleront peut-être dans un prochain avenir la valeur de cette propriété à laquelle il donne une si grande partie de ses pensées et de ses soins S'il l'a reçue de son père, il tient à honneur de la maintenir en bon état de culture et de plantation, à l'augmenter même sous ce double rapport. S'il l'a achetée et prise dans cet état de délabrement où tant de fermes sont tombées de nos jours, son énergie est stimulée par le désir, par la volonté de faire des changements utiles, de tranformer ces champs abandonnés en une campagne fertile chargée de grains, de fourrages et de fruits.

J'ai voulu par ces quelques mots montrer combien il est naturel que le propriétatre soucieux de ses devoirs et de ses ~~ses~~ intérêts trouve un plaisir mêlé de crainte dans ce choix en apparence si facile des arbres de la plantation. Eh bien ! Ces soins importants, ce profond plaisir ne sont pas pour lui seul. Je dis que le fermier a le droit d'en avoir sa part et que le maître fera bien de l'y associer. Deux avis, dit-on, valent mieux qu'un. J'estime donc que le voyage à la pépinière doit être fait par le maître communément avec le fermier. Celui-ci qui aura le soin d'élever ces arbres et qui doit en tirer profit plus tard soit par lui-même, soit par les siens, prendra part à leur choix et il aura voix consultative aux débats du marché.

Il va de soi que tout cela est inutile si, ce qui vaut mieux, le propriétaire a chez lui une pépinière entretenue par ses soins et à ses dépens. Mais ce cas si favorable aux bonnes plantations est exceptionnel. Les propriétaires sont pour la plupart dans l'obligation de s'adresser au pépiniériste. Je reviens donc à la situation du maître qui achète les plans. Les frais d'achat lui incombent ainsi que je l'ai dit, et il en est de même pour les frais de transport par chemin de fer. L'emballage et le transport à la gare sont ordinairement laissés au pépiniériste qui se fait rembourser de ses frais par l'acheteur. Quant au transport de la gare d'arrivée aux lieux de plantation, je le mets à la charge du fermier. Aucun homme raisonnable ne refusera son harnais pour un pareil voyage. Il en est de même dans le cas où la pépinière est assez proche des lieux de plantation pour qu'il n'y ait point lieu à un transport par chemin de fer ; et alors, au jour fixé pour l'arrachage, le fermier avec ses chevaux et sa voiture ira lui-même prendre livraison des sujets choisis et marqués à l'avance.

Voici nos sujets choisis, achetés, arrivés à la ferme. Nous

sommes au moment de la plantation proprement dite, opération des plus graves, pleine de promesses pour les gens soigneux et ~~vainement~~ désireux de bien faire, ingrate pour ceux qui la pratiquent mal. Je n'ai point ici à la décrire. Je dirai seulement qu'il importe qu'elle soit pratiquée intelligemment et que maître et fermier ont du y réfléchir longuement et longtemps à l'avance. Chacun sait qu'une pratique ancienne et raisonnable veut que des fosses larges et profondes soient creusées assez tôt pour que l'influence atmosphérique ait le temps de se faire sentir aux endroits même où s'étaleront plus tard les racines des arbres. Aux frais de qui seront creusées ces fosses ? La réponse n'est pas douteuse puisque l'arbre que vous allez planter va devenir immeuble. Un plant neuf est à cet égard assimilable à un corps de ferme neuf. Or, à qui incombent les frais de la bâtisse ? Au propriétaire. Je compte donc à sa charge le creusement des fosses à pommiers. Mais comme il est juste que le fermier contribue pour une certaine part à une opération qui augmentera sensiblement la valeur de sa terre, il devra nourrir les ouvriers employés à cet ouvrage. Si ce travail est confié à des tâcherons que l'on ne nourrit pas, c'est un dégrèvement pour le fermier qui en devra de la reconnaissance à son patron.

Pour l'opération de la plantation, le fermier fournira tous les bras dont il dispose, et c'est lui qui fera appel aux voisins, aux amis, pour accélérer et bien faire ce travail. L'honneur de tenir l'arbre à l'endroit de plantation lui appartient. Il est d'un bon exemple que le maître vienne diriger lui-même cet important travail et qu'il prenne part aux réjouissances qui le suivent.

Souvent on enfouit au pied du pommier une gerbe d'épilures. Cette fourniture est naturellement à la charge du fermier.

Ainsi jusqu'ici le maître a fourni les sujets, leur transport par chemin de fer et la main-d'œuvre pour le creusement des fosses. Le fermier dont les avis ont été reçus avec bienveillance et même provoqués a fourni ses chevaux et voitures pour le transport des sujets du chemin de fer à la ferme ou même si la distance est courte pour le transport directe de la ~~ferme~~ *pépinière* au lieu de plantation. C'est aussi à lui qu'est incombée la charge de la main-d'œuvre au jour de la plantation proprement dite.

Voici les pommiers plantés. La grosse dépense, le gros travail sont finis. Il reste à donner des soins à ces jeunes arbres, espoir de nos enfants. Ces soins vont se partager encore entre le maître et le fermier. Essayons de faire ce partage.

Les menus soins, les soins de tous les jours sont assimilables à des réparations locatives. Ils appartiennent au fermier. Ainsi, c'est à lui d'entretenir autour de chaque ente les branches d'épine nécessaires pour repousser les attaques des bestiaux. A lui de détruire le gui. C'est à lui de manœuvrer sa charrue, son rouleau, sa herse assez habilement pour n'atteindre pas les troncs ni les racines. Si par malheur un arbre est blessé, il sera tenu de panser sa plaie. Si une branche est rompue par un animal ou par le vent il aura soin de faire à ce membre une amputation devenue nécessaire pour que cette opération faite à propos permette à de nouvelles pousses de rendre à l'arbre son ancien aspect. Au fermier encore de fournir au plant la nourriture dont il a besoin en fumier d'étable, terreaux ou produits chimiques, suivant les terrains et les circonstances. En cas de sécheresse, des arrosages ; des rigolages en cas de crue d'eau ; enfin un labour spécial au pied de chaque ente ; telle est la part du fermier. Ces soins ne constituent point des travaux *au* sens propre du mot ; mais ils sont de tous les jours ; et c'est bien en parlant d'eux qu'on peut dire que les petites causes produisent de grands effets, car leur absence a entraîné la perte de bien des arbres. Combien ne voyons nous pas de pommiers malingres et chétifs, végétant tristement dans le champ où ils furent plantés et dont la décrépitude n'a d'autre cause que la négligence de l'homme ! Mais un fermier consciencieux tiendra à honneur de ne pas encourir ces reproches. Il y tiendra surtout s'il se sent soutenu par son maître.

J'arrive donc à la part du maître.

Le Chaulage qui détruit la mousse et dérange considérablement les insectes est une opération facile, mais qui demande à être conduite vivement et pour laquelle un assez grand nombre de bras est nécessaire. Il est bon de la répéter tous les six ou sept ans pour maintenir les pommiers en état de propreté. Il est utile que cette opération qui n'est point fréquente ait lieu sous la direction ou au moins par les ordres du maître. C'est une occasion pour lui de montrer à ses fermiers qu'il prend part à leurs soucis et à leurs espérances. S'il sait en profiter, les fermiers le loueront et l'aimeront. Je ne veux pas dire que le maître arrivera à certains jours avec une équipe pour travailler sous les yeux du fermier, de ses enfants de ses serviteurs, sans rien leur demander. Ce n'est pas ainsi qu'il faut faire. Les bras nécessaires à l'opération du chaulage doivent ètre pris autant que possible à la ferme et la direction en doit être laissée au fermier si le maitre ne la prend pas lui-même en mains. C'est donc encore le personnel de la ferme qui travaille. Mais le maître fournit la chaux, les engins nécessaires et même des travailleurs si ceux de la ferme ne suffisent pas. Il accordera même au fermier une indemnité en rapport avec le travail accompli. Ce n'est pas qu'on ne puisse raisonnablement mettre ce travail à la charge du fermier. Mais il est bon de l'encourager et d'ailleurs, il est utile aussi que l'action du maître se fasse sentir quand cela a lieu (et c'est ici le cas) d'une manière douce et bienfaisante.

Je donne aussi au maître le soin de la taille des arbres. Il la surveillera lui-même ou la confiera à un homme aussi consciencieux qu'habile. Le fermier nourrira les gens employés à ce travail.

Lorsque la plantation a été faite dans un champ en labour, on peut interdire au fermier de mettre des bestiaux à paître dans ce champ. C'est là une mesure radicale qui le prive de la dépouille du champ après la récolte. La perte est minime pour lui tandis que le maître a la certitude que ses pommiers ne seront point attaqués par les bestiaux, à la condition toutefois que les haies et fossés soient bien entretenus et qu'il n'y ait point de brèches pour livrer passage aux bestiaux des champs voisins. L'inconvénient qui résulte pour le fermier d'une pareille condition est, je l'ai dit, bien petit puisqu'elle ne le prive que du peu d'herbe qui a cru parmi les céréales. Il est d'ailleurs un moyen bien simple d'y remédier, c'est d'adopter pendant quelques années le champ en question comme champ légumier pour la culture des pommes de terre, choux, navets, carottes, panais et autres plantes nécessaires à la ferme. Une pareille culture faite à la bêche est très profitable aux jeunes pommiers qui croissent comme dans un jardin parmi ces légumes. Quand ils sont devenus assez forts pour se défendre eux-mêmes, on transporte ce genre de culture dans un autre champ parmi d'autres arbres. et ainsi un plant se trouve élevé après un autre.

J'ai supposé plus haut que les pommiers achetés en pépinière aux frais du maître étaient greffés d'espèces connues par leurs qualités. Cette condition n'est pas toujours remplie. Certains pépiniéristes n'ont point de sujets greffés. Ils ne vendent que des *surets* ; et certains propriétaires ne veulent point acheter d'autres arbres. Dans ces cas, il faut que la greffe succède à la plantation au bout d'un an au moins, de deux ans et plus si l'on préfère. Le soin et les frais du greffage incombent certainement au propriétaire. Il ne lui est pas permis de se désintéresser d'une pareille affaire. C'est à lui de décider sur le mode de greffage et sur les espèces. Mais s'il est sage il prendra encore en cette circonstance les avis de son fermier. D'ailleurs si le maître est ordinairement plus instruit, le fermier est quelquefois plus pratique. Cette seule considération suffit pour faire comprendre les avantages qui résultent de l'accord de ces deux hommes.

Les plus grandes précautions doivent être prises par le fermier pour éviter que les jeunes greffes soient rompues ou seulement endommagées, précautions contre les bestiaux, contre les instruments aratoires, contre le vent. Ce souci ne doit point le quitter.

Enfin lorsque les pommiers sont arrivés à la période de production, il y a des soins à prendre dans la manière même de récolter les pommes. Le gaulage doit être interdit. Il faut attendre que les fruits tombent d'eux-mêmes de l'arbre ou les faire tomber en secouant les branches.

Telles sont les précautions qui me semblent devoir être prises dans l'intérêt commun du maître et du fermier.

On peut écrire ces dispositions dans un bail et les sanctionner de certaines pénalités. Mais je répète que la meilleure garantie de leur observation réside dans la bonne foi des parties. Cependant, en vertu de ce vieux principe : *si vis pacem para bellum,* les parties peuvent s'infliger réciproquement à l'avance des amendes pour les cas d'inobservation des conditions du bail. Le fermier pourra exiger que le propriétaire maintienne la ferme en bon état de plantation. Le chiffre des arbres à fruits, poiriers et pommiers, peut être fixé et le maître obligé à le maintenir sauf une diminution de tant par pied d'arbre en moins sur le prix de location de la ferme. Il peut être tenu de certains dommages-intérêts s'il ne pratique pas le chaulage et la taille comme il s'est engagé à le faire.

Quant au fermier qui habite sur les lieux et auquel sont confiés l'élevage et le soin de ces arbres, il est responsable de leur existence et des accidents qui leur arriveront. Tout pommier mort d'accident est présumé avoir péri par sa faute. C'est à lui à faire constater l'accident en temps utile et à justifier qu'il n'y a pas eu faute de sa part. Quelle indemnité devra-t-il au propriétaire pour la mort d'un pommier imputable à sa négligence ? (par exemple lorsque cet arbre a été rompu par un animal faute de protection suffisante). Il ne m'appartient pas ici d'en fixer le chiffre, mais voici une indication. Je crois que l'on pourrait se baser sur les indemnités accordées par les compagnies de chemins de fer lorsque des lignes en construction passant à travers des plantations elles donnent des indemnités pour les arbres détruits. On peut estimer à l'avance le prix d'une écorchure, celui de la rupture d'une branche maîtresse, d'une branche secondaire, etc. La simple négligence dans l'entretien des épines autour des jeunes arbres peut être taxée et punie a l'avance. Si au lieu d'épines on emploie les corsets de fer l'achat de ces engins revient au maitre, mais la pose et le maintien des corsets incombe au fermier.

Enfin on peut exiger que le fermier soigne d'une manière particulière les terres plantées. On ne peut faire passer la charrue raz le pommier. Il faut cultiver à la bêche la terre qui environne le pied de chaque ente, sans quoi les accidents sont inévitables. Il faut employer aux mêmes endroits l'émottoir et le râteau. Enfin dans les herbages plantés il est nécessaire de faire à la bêche un petit labour annuel au pied de chaque arbre.

Toutes ces dispositions peuvent être introduites dans le bail auquel elles donnent une forme, il est vrai, sévère mais qui n'a rien d'effrayant pour des gens dont les intentions sont bonnes. Au reste, je ne saurais trop le répéter, les lois ne sont rien sans les mœurs. On l'a toujours vu. On le voit encore de nos jours. Il est dans certaines parties du Maine et de la Bretagne des endroits où l'antique système de la métairie ou colonie partiaire a encore des adeptes. Là, maitres et fermiers n'ont point recours au notaire pour la rédaction de leurs baux. Les vieux usages sont encore leur loi et leurs terres n'en sont pas moins bien cultivées. Si l'on faisait une comparaison sérieuse entre ces colons de l'ancien régime et les fermiers d'aujourd'hui armés de leurs baux écrits sur papier de marque, on trouverait peut-être l'intelligence, la loyauté des premiers au moins égale à celles des seconds, leurs terres aussi bien tenues, leurs maitres aussi contents bien qu'ils n'aient point eu recours à tout ce fatras d'écritures. Mais il faut vivre avec son temps. Puisque le système de la ferme prévaut aujourd'hui il est utile, il est légitime de faire des baux et d'y inscrire des amendes. Du moins doit on s'ingénier à être juste dans la rédaction de ces écrits et puis libéral dans la mise en pratique des conditions qui y sont insérées.

Je joins à ce travail un projet de conditions de bail relatives à la plantation puis à l'élevage des arbres à fruits, poiriers et pommiers. J'y ai ajouté un article spécial à la plantation du jardin et des espaliers. Cette plantation ordinairement oubliée est plus importante qu'on ne croit. C'est un agrément pour le fermier et un avantage d'avoir chaque année une provision de bons fruits de table ; un agrément pour sa femme, pour ses enfants et surtout pour lui-même ; un avantage car avec des fruits crus ou cuits, suivant l'espèce et la saison, du pain et du bon cidre, on peut faire d'excellents repas. La ménagère y trouve l'occasion de faire des économies de beurre et de viande. Les serviteurs sont satisfaits parce que ces repas où les fruits dominent leur procurent de la variété dans la nourriture. En outre on fait avec les fruits des conserves pour l'hiver. J'ajoute enfin que les bons fruits de garde trouvent toujours sur le marché un écoulement facile. Ainsi se trouve pleinement justifié l'entretien des arbres fruitiers du jardin et des espaliers.

J'ai posé des articles ayant pour objet la destruction de la mousse, du gui de pommier et du puceron laniger, parce que ces parasites sont faciles à combattre et à détruire par des procédés connus et peu coûteux. Contre la mousse la chaux, contre le puceron laniger des liquides gras ou âcres sont employés avec succès et ces moyens simples sont à la portée de tout le monde.

Je ne parle pas de l'anthonôme ni des autres insectes ennemis du pommier que les savants ont reconnus, dont ils étudient les mœurs, mais pour la destruction desquels aucun moyen vraiment pratique n'a été trouvé. Mais la science n'a pas dit son dernier mot. Espérons que nous pourrons bientôt insérer dans les baux des clauses pour la destruction de l'anthonôme.

Projet de Conditions de Bail relatives aux Arbres Fruitiers

1° Il est convenu entre le bailleur et le preneur que le clos Saint-Jean, pièce en labour, sera planté de pommiers dès la première année du bail.

2° Les entes seront fournies par le bailleur. Le preneur ira en prendre livraison soit à la pépinière voisine, soit à la gare la plus proche de la ferme pour les transporter sur le terrain de plantation.

3° Les fosses seront creusées aux frais du bailleur, mais le preneur sera tenu de nourrir les ouvriers employés à cet ouvrage. Il sera tenu aussi de fournir les épilures nécessaires à la plantation.

4° Au jour de la plantation, le preneur fournira tous les bras nécessaires à ce travail qui sera dirigé par le bailleur.

5° A partir de la plantation aucun animal ne pourra être mis à pâturer dans le clos Saint-Jean jusqu'au jour où les entes auront acquis un développement suffisant pour être à l'abri des attaques des bestiaux. Le fermier pourra consacrer spécialement ce clos à la culture des légumes nécessaires à la ferme.

6° Pendant les labours, le preneur prendra les précautions nécessaires pour éviter de blesser les jeunes entes soit avec la charrue, soit avec le rouleau, soit avec la herse ; et pour arriver à ce résultat il lui est interdit de faire manœuvrer ces instruments jusqu'au pied des arbres. Un petit rayon de terrain autour de chaque pommier ou poirier sera donc cultivé à la bêche et au râteau.

7° S'il arrive que malgré ces précautions un arbre soit endommagé, le preneur pansera ses plaies.

Si une branche est rompue, il en coupera la partie restante avec le sécateur de manière à rendre à l'arbre un aspect convenable et à favoriser la production de nouvelles pousses bien dirigées.

8° A chaque labour le preneur fournira aux entes un bon engrais en quantité raisonnable.

9° En cas de sécheresse le preneur arrosera de temps en

temps les entes qui seront en souffrance. En cas d'eau extra-
ordinaire, il creusera des rigoles pour faciliter leur écoulement.

10° Il est également convenu entre les parties que le clos
Saint-Georges, herbage, sera planté pendant la première
année du bail.

Toutes les conditions précédentes seront applicables à cette
plantation sauf celles de l'article 5 relatives au parcours des
bestiaux.

11° Comme le preneur continuera malgré la plantation à faire
pâturer des bestiaux dans l'herbage planté, il sera tenu d'en-
tourer chaque ente avec des branches d'épines attachées soi-
gneusement autour de ces jeunes arbres. Il veillera cons-
tamment à ce que ces épines soient rattachées ou remplacées
si elles sont détachées ou rompues par les animaux. Dans
le cas où le bailleur lui fournirait des corsets de fer, le preneur sera obligé de les placer et de les maintenir soigneuse-
ment en position convenable pour qu'aucune ente ne soit
endommagée par eux.

12· Tout arbre détruit ou endommagé par un accident sera
présumé l'avoir été par la faute du preneur. Celui-ci fera
constater les accidents par le bailleur ou par son représen-
tant et il sera tenu de justifier qu'il n'y a pas eu faute de
sa part.

13· On prendra pour base des indemnités celles qui sont
allouées par les compagnies de chemins de fer.

14· Le preneur se réserve la faculté de planter des poiriers
et des pommiers le long des haies dégarnies de bois. Ces
plantations seront faites conformément aux dispositions précédentes et le preneur sera tenu des obligations sus-mention-
nées sauf celles de l'article 5.

15· Dans le cas où la plantation aurait porté sur des sujets
non greffés, l'opération de la greffe sera faite par les ordres et
sous la responsabilité du maître qui aura le choix des espèces·

16· Tous les six ou sept ans les pommiers et les poiriers
de la ferme seront nettoyés à la chaux. Le bailleur fournira

les matériaux et les engins et le preneur tous les bras nécessaires à cette opération. Une indemnité sera allouée à ce dernier comme encouragement dans cette circonstance.

17· Un labour à la bêche sera pratiqué tous les ans au pied des poiriers et pommiers plantés dans les herbages, et une bonne fumure leur sera donnée à chacun de ces labours.

18· Les bestiaux pâturant dans des herbages plantés seront enheudés de manière à ne pouvoir lever la tête jusqu'aux branches.

19· Le gaulage des pommes est interdit.

20· Le bailleur sera tenu de maintenir dans le jardin de la ferme un nombre convenable d'arbres fruitiers, et de planter des arbres en espalier contre les murs dans tous les endroits où les circonstances le permettront. Le preneur protégera ces arbres contre toute attaque et leur donnera les soins d'un bon père de famille.

21· Le preneur sera tenu de nourrir et au besoin de loger tous les ouvriers envoyés par le bailleur tant pour préparer la plantation des arbres fruitiers que pour leur donner des soins par la suite.

22· Le preneur aura à sa charge la destruction du gui sur toutes les entes où cette plante parasite fera son apparition.

23· Le preneur sera aussi chargé de combattre les invasions du puceron laniger suivant une méthode et avec des ingrédiens qui auront l'approbation du bailleur. Celui-ci fournira les instruments et les produits nécessaires.

24· Le bailleur fera la taille des arbres et aura le soin de leur direction. Il disposera du bois mort à sa volonté.

25· Les poiriers et pommiers de la ferme seront comptés et classés suivant leur âge et le propriétaire sera tenu d'en maintenir le nombre. Dans le cas où il n'observerait pas cette condition le preneur aurait droit à une réduction des fermages proportionnelle au nombre d'arbres manquants.

Septembre 1893.